ALPHABET ILLUSTRÉ
DES JEUX DE L'ENFANCE.

PARIS. — DELARUE, LIBRAIRE-ÉDITEUR. QUAI DES AUGUSTINS, 11.

1767

ALPHABET ILLUSTRÉ

DES JEUX DE L'ENFANCE

CONTENANT

Des Exercices de Lecture,
l'explication des Jeux de l'Enfance les plus
intéressants,

UN CHOIX DE FABLES EN PROSE ET EN VERS.

VIGNETTES

par H. ÉMY, gravées par les premiers artistes.

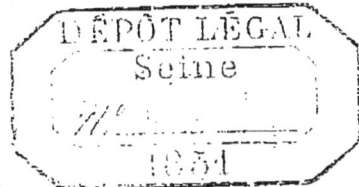

PARIS

DELARUE, LIBRAIRE-ÉDITEUR,

Quai des Augustins, 11.

PARIS. — IMPRIMERIE DE W. REMQUET ET Cⁱᵉ.

rue Garancière, n. 5, derrière St Sulpice.

A	B	C
D	E	F
G	H	IJ
K	L	M

N	O	P
Q	R	S
T	U	V
X	Y	Z

a	b	c
d	e	f
g	h	i j
k	l	m

n	o	p
q	r	s
t	u	v
x	y	z

MAJUSCULES GOTHIQUES.

A B C D E

𝕬 𝕭 𝕮 𝕯 𝕰

F G H I J

𝕱 𝕲 𝕳 𝕴 𝕵

K L M N O

𝕶 𝕷 𝕸 𝕹 𝕺

P Q R S T

𝕻 𝕼 𝕽 𝕾 𝕿

U V X Y Z

𝖀 𝖁 𝖃 𝖄 𝖅

MINUSCULES GOTHIQUES.

a b c d e f

g h i j k l

m n o p q r

s ſ t u v x

y z w

CHIFFRES.

0 1 2 3 4 5 6 7 8 9

ANGLAISE. MAJUSCULES.

A B C D E

F G H I J

K L M N

O P Q R S

T U V W

X Y Z

ANGLAISE. MINUSCULES.

a b c d e f g

h i j k l m n

o p q r s t u

v w x y z

CHIFFRES.

1 2 3 4 5 6 7 8 9 0

LETTRES ORNÉES.

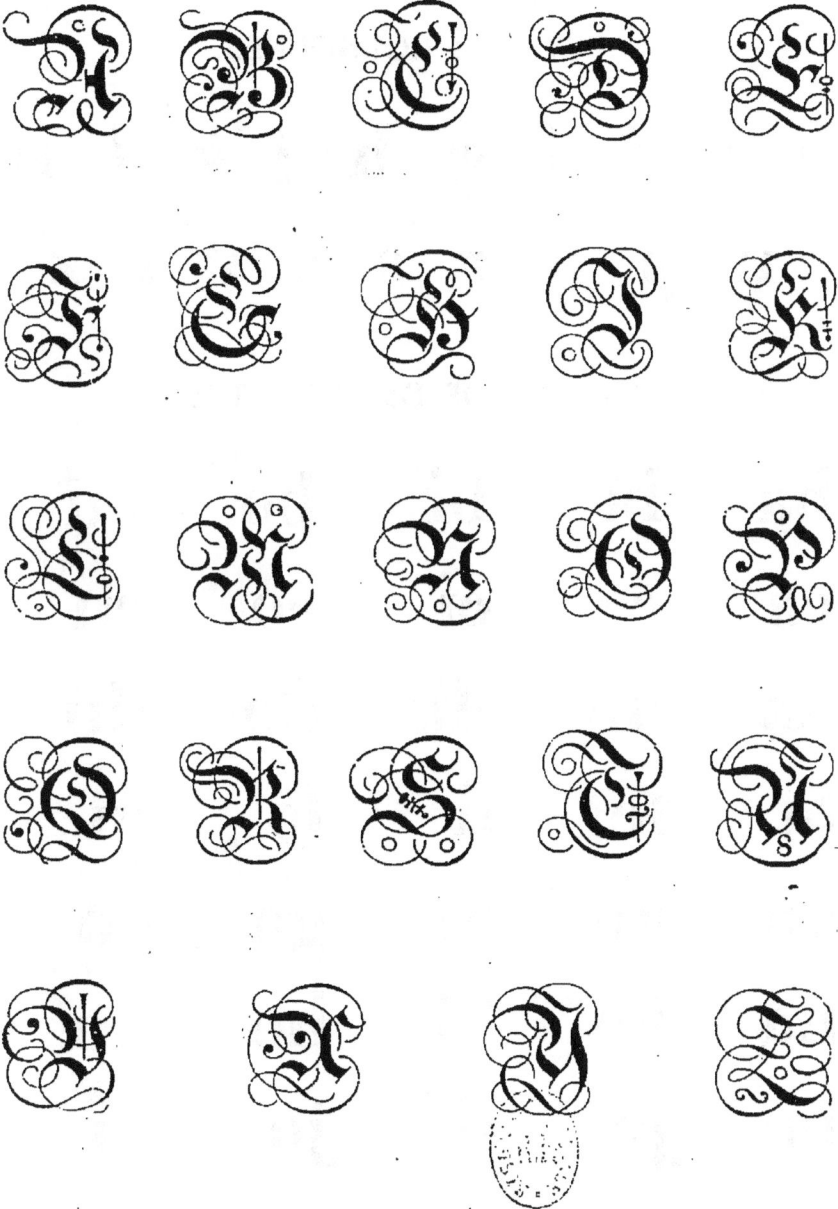

LETTRES VOYELLES.

a   e   i   y   o   u

LETTRES CONSONNES.

b c d f g h j k l m

n p q r s t v x z

SYLLABES DE DEUX LETTRES.

ba	be	bi	bo	bu
ca	ce	ci	co	cu
da	de	di	do	du
fa	fe	fi	fo	fu
ga	ge	gi	go	gu
ha	he	hi	ho	hu
ja	je	ji	jo	ju

ka	ke	ki	ko	ku
la	le	li	lo	lu
ma	me	mi	mo	mu
na	ne	ni	no	nu
pa	pe	pi	po	pu
ra	re	ri	ro	ru
sa	se	si	so	su
ta	te	ti	to	tu
va	ve	vi	vo	vu
xa	xe	xi	xo	xu
za	ze	zi	zo	zu

SYLLABES DE DEUX LETTRES.

ab	eb	ib	ob	ub
ac	ec	ic	oc	uc
ad	ed	id	od	ud
af	ef	if	of	uf
ag	eg	ig	og	ug
ah	eh	ih	oh	uh
ak	ek	ik	ok	uk
al	el	il	ol	ul
am	em	im	om	um
an	en	in	on	un
ap	ep	ip	op	up

aq	eq	iq	oq	uq
ar	er	ir	or	ur
as	es	is	os	us
at	et	it	ot	ut
av	ev	iv	ov	uv
ax	ex	ix	ox	ux
az	ez	iz	oz	uz

SYLLABES DE TROIS LETTRES.

bla	ble	bli	blo	blu
bra	bre	bri	bro	bru
cha	che	chi	cho	chu

2

cla   cle   cli   clo   clu

cra   cre   cri   cro   cru

dra   dre   dri   dro   dru

fla   fle   fli   flo   flu

fra   fre   fri   fro   fru

gla   gle   gli   glo   glu

gna   gne   gni   gno   gnu

gra   gre   gri   gro   gru

pha   phe   phi   pho   phu

pla   ple   pli   plo   plu

pra   pre   pri   pro   pru

qua que qui quo quu

tla tle tli tlo tlu

tra tre tri tro tru

vra vre vri vro vru

MOTS D'UNE SYLLABE.

Pain	Pied
Lait	OEil
Eau	Dent
Vin	Doigt
Main	Chat
Bras	Chien

Jour	Mer
Nuit	Pré
Faim	Choc
Froid	Rat
Chaud	Mai
Noir	Juin
Blanc	Vent
Gris	Son
Roux	Pont
Vert	Mort
Char	Chant

MOTS DE DEUX SYLLABES.

Pa	pa	Pou	pée
Ma	man	Bon	bon
Ga	min	Dra	gée
Se	rin	Rai	sin
Jou	jou	Pan	tin
Ga	teau	Bon	net
Poi	rier	Jar	din
Sou	lier	Vo	lant
Moi	neau	Che	val
Par	rain	Mai	son
Mou	ton	Cor	don

2.

MOTS DE TROIS SYLLABES.

Di	man	che
Ven	dre	di
O	ran	ger
Bou	lan	ger
Li	ber	té
Dé	jeu	ner
Pan	ta	lon
Ca	va	lier
Voi	tu	re
Hor	lo	ger

His	to	rien
Bû	che	ron
Mir	li	ton
Pa	pil	lon
Me	nui	sier
Cui	si	nier
A	ni	mal
A	mi	tié
Che	mi	née
Sa	me	di
É	cu	reuil

MOTS DE QUATRE SYLLABES.

Mi	li	tai	re
Per	fec	ti	on
Di	li	gen	ce
Mu	ti	ne	rie
Ma	çon	ne	rie
Ré	vé	ren	ce
Ré	gu	li	er
Af	fec	ta	tion
As	tro	no	mie
Edi	fi	ca	tion
E	ga	le	ment

MOTS DE CINQ SYLLABES.

Gé né ro si té

Ré so lu ti on

In ter rup ti on

Sou ve rai ne té

Pro pri é tai re

Ins ti tu ti on

É lé men tai re

Dé mo cra ti que

Mi li tai re ment

Cou ra geu se ment

Fa vo ra ble ment

MOTS DE SIX SYLLABES.

O ri gi na li té

A bo mi na ti on

Per pen di cu lai re

In dé li ca tes se

Par ti cu liè re ment

Dis si mu la ti on

A van ta geu se ment

Im pos si bi li té

As so ci a ti on

Im pé tu o si té

Per fec ti bi li té

Dieu a créé toutes choses qui existent sur la terre, il a fait les étoiles qui brillent dans le ciel, le soleil qui nous éclaire et nous échauffe.

Sans le soleil les plantes ne pourraient pas pousser et les hommes périraient de froid.

La lune nous éclaire la nuit; elle est moins grande que la terre, le soleil est infiniment plus gros.

La terre tourne autour du soleil; la lune tourne autour de la terre.

C'est la terre qui fournit à l'homme sa nourriture ; sans l'air il ne pourrait respirer ; l'eau lui sert de boisson, le feu le réchauffe et sert à cuire les aliments.

L'homme a cinq sens ; la vue, le goût, l'odorat, l'ouïe, et le toucher.

———◦⟨⟨⟩⟩◦———

L'homme habite la terre, les oiseaux habitent la terre et les airs, les poissons habitent les eaux.

C'est dans la terre que l'on

trou ve le fer, l'or, l'ar gent et la pier re.

Sur la ter re il croît tou tes sor tes d'ar bres qui pro dui sent des fruits qui sont bons à man-ger, ce sont les poi res, les pom mes, les ce ri ses, les a bri-cots, les pru nes, etc.

Il y a des ar bres qui ne por tent pas de fruits, ils ser-vent à fai re des plan ches pour fai re des meu bles et cons trui-re des mai sons.

On en fait aus si des bû ches pour nous chauf fer.

La ter re pro duit un grand nom bre de plan tes, il y a des plan tes po ta gè res, mé di ci na- les et d'a gré ment.

Les prin ci pa les plan tes po- ta gè res sont le chou, la ca rot- te, la pom me de ter re, le ha ri- cot, le pois, les sa la des, etc.

Les plan tes mé di ci na les sont u ti les pour gué rir les per- son nes qui sont ma la des.

Les plan tes d'a gré ment les plus re mar qua bles sont la vio- let te, la tu li pe, l'œ il let, le lis, la mar gue ri te et beau coup d'au tres qui font l'or ne ment de nos jar dins.

C'est dans la mer, les ri vi è res et les é tangs que l'on pê che les pois sons qui ser vent à la nour ri tu re des hom mes.

On man ge la chair des ani maux tels que le mou ton, le veau, le bœuf, le porc, etc.

On nom me vo lail le, des oi seaux qui ser vent é ga le ment à no tre nour ri tu re, ce sont les pou les, les ca nards, les oies, les din dons, les pi geons, etc.

On mange aussi la chair des animaux sauvages tels que le sanglier, le lièvre, le faisan, le chevreuil, la perdrix, etc.

Tout a été créé sur la terre pour le bien de l'homme; c'est à lui d'en profiter.

CRIS DES ANIMAUX.

Le chien aboie.

Le chat miaule.

Le cochon grogne.

L'agneau bêle.

L'âne brait.

Le cheval hennit.

Le coq chante.

Le corbeau croasse.

La grenouille coasse.

Le lion rugit.

Le loup hurle.

Le moineau pépie.

La pie babille.

Le pigeon roucoule.

Le renard glapit.

Le rossignol ramage.

Le serpent siffle.

Le taureau beugle.

.La tourterelle gémit.

L'enfant doit rendre hommage au Créateur, honorer ses parents qui sont ses meilleurs amis et ses premiers bienfaiteurs.

Évitez le mensonge avec le plus grand soin, car il augmente les torts au lieu de les excuser.

Le devoir d'un enfant est d'obéir à ses parents, de chercher ce qui peut leur plaire.

Les hommes sont faits pour s'aimer; ils sont en société pour se rendre service les uns aux autres.

Celui qui ne veut être utile à personne n'est pas digne de vivre avec les autres.

———◦———

Cent ans font un siècle.

Il y a douze mois dans un an.

Il y a trente jours dans un mois.

Trois cent soixante-cinq jours font une année.

On divise le mois en quatre semaines; chaque semaine est composée de sept jours que l'on nomme: Lundi, Mardi, Mercredi, Jeudi, Vendredi, Samedi, Dimanche.

Les mois de l'année sont : Janvier, Février, Mars, Avril, Mai, Juin, Juillet, Août, Septembre, Octobre, Novembre, Décembre.

Il y a quatre saisons dans l'année : Le Printemps, l'Été, l'Automne, l'Hiver.

L'homme a deux mains, chaque main a cinq doigts ; le plus gros se nomme le pouce, le doigt qui le suit est l'*index*, sans doute ainsi nommé parce qu'il sert à indiquer.

Le bras de chaque côté du corps est gauche ou droit ; celui qui est du côté du cuœr est le bras gauche.

L'homme a des jambes, des pieds, des doigts au bout des pieds, le plus gros de ces doigts est nommé *orteil*. Il y a le pied gau che et le pied droit.

Le cheval et le bœuf ont des jambes; le chien et les animaux plus petits ont des pattes.

Les poissons nagent, les oiseaux volent, les vers, les limaçons et les serpents rampent.

Les arbres et les fleurs ont des racines en terre qui leur servent de pieds pour se maintenir debout, et des branches qui semblent être leurs bras; ils ont des maladies, souffrent et meurent comme tous les êtres qui respirent.

Les plantes portent des fleurs auxquelles succèdent des fruits et des graines, ces graines semées dans la terre reproduisent les mêmes plantes que celles qui leur ont donné naissance.

La terre renferme des métaux à l'état brut, que le travail de l'homme rend précieux ; ainsi : l'or, l'argent, le platine, le fer, le cuivre, le plomb, l'étain, etc., etc., les uns servent à faire des bijoux, des pièces de monnaie. C'est avec le fer que l'on fait les instruments de travail comme la hache, la scie, la pioche, le marteau ; ils servent à travailler la pierre et le bois ; puis la charrue et la pelle avec lesquelles on remue la terre des champs et des jardins.

La terre que nous habitons est une boule qui tourne; sa circonférence est de quatre mille myriamètres environ.

Il y a sur la terre beaucoup d'animaux qui intéressent la vue; ils sont familiers ou sauvages; quelques-uns sont féroces.

ARC.

L'arc est un instrument qui sert à lancer des flèches. Chez les anciens, c'était une arme. Il y avait autrefois des archers, c'est-à-dire des soldats qui combattaient avec des arcs. Les peuples sauvages s'en servent encore pour chasser les animaux ou pour attaquer les voyageurs.

L'arc, chez nous, n'est plus qu'un jouet dont

les enfants s'amusent. Le jeu de l'arc consiste à envoyer une flèche le plus près possible du but indiqué : par exemple, on trace sur une planche carrée, plusieurs ronds, et au milieu, un point noir de la grandeur d'une petite pièce de monnaie. Ce point est le but; on convient du nombre de flèches que chacun lancera, et la partie sera gagnée par celui qui aura touché le plus près du but.

Les enfants doivent faire attention de ne jamais tirer sur personne avec leur arc, parce qu'ils pourraient faire un malheur si leur flèche atteignait quelqu'un.

BULLES DE SAVON.

Deux enfants, après leur leçon de lecture, veulent passer le temps de leur récréation à faire des bulles de savon ; c'est un jeu qui plaît à tous les jeunes enfants.

Après avoir préparé dans un petit vase une eau de savon, ils trempent dans cette eau un chalumeau de paille dont l'extrémité est fendue en quatre, et soufflent avec leur bouche par le bout opposé; il s'y forme une boule ou bulle qui grossit et s'échappe de la paille, les enfants alors la font monter en soufflant dessus ou en la faisant rebondir sur leur chapeau ou sur la manche de leur habit.

Ce jeu n'a qu'un seul inconvénient, c'est que les bulles peuvent crever quelquefois sur la figure de celui qui souffle, ce qui lui cause des picottements dans les yeux; mais cela ne dure que deux ou trois minutes.

COLIN-MAILLARD.

Pour savoir qui sera le *colin-maillard*, on
tire au sort; celui qui a été désigné se place
au milieu de l'endroit choisi pour jouer, soit
dans un salon soit dans un jardin. On lui couvre
les yeux avec un mouchoir et on lui met une
longue baguette dans la main. Les autres
joueurs font cercle autour de lui ou dansent
une ronde. Le *colin-maillard* touche avec sa

4.

baguette celui qu'il trouve à sa portée ; celui qui est touché doit dire quelques mots en déguisant sa voix ; autrement, s'il était reconnu, il deviendrait lui-même le *colin-maillard*.

Il y a une autre manière de jouer à ce jeu. Elle consiste à attraper l'un des joueurs, et si on le reconnaît au toucher, il est pris et devient le *colin-maillard*.

DANSE.

Si nous parlions de la danse proprement dite, ce ne serait pas un jeu d'enfant; mais à l'imitation des grandes personnes tous les enfants s'en amusent, ils en font un jeu et copient les figures qu'ils ont vu exécuter.

Ces petits enfants que vous voyez se divertissent beaucoup; le plus grand qui danse avec la petite fille fait tout ce qu'il peut pour res--

sembler à une grande personne, et sa jolie petite camarade fait des mines; tout à l'heure ils vont rire tous les trois en se rappelant à qui ils ont voulu ressembler.

Les petits enfants ne doivent pas vouloir être plus que ce qu'ils sont, et ce n'est qu'en jouant qu'il leur est permis de faire des manières pour paraître des personnages.

ESCARPOLETTE.

L'escarpolette est non-seulement un jeu qui amuse les enfants, mais les grandes personnes y prennent aussi du plaisir.

Il y a plusieurs manières de jouer à l'escarpolette. On peut se balancer soi-même en se dirigeant vers un mur sur lequel on appuie fortement avec le pied, et cela imprime un mouvement assez rapide; mais ce moyen est dangereux parce que si la force est trop grande, on risque de se blesser. Il est donc préférable de se faire balancer par un camarade au moyen d'une corde attachée au siége, parce que celui qui donne le mouvement peut le modérer lorsqu'il devient trop rapide.

Ce jeu, est quelquefois dangereux si la corde n'est pas assez solidement attachée, ou si des petits imprudents poussent trop rudement le camarade qu'ils balancent.

FRONDE.

La fronde est composée d'un morceau de cuir
ovale attaché par deux courroies, l'une plus
longue que l'autre; on place une pierre sur le
morceau de cuir après avoir roulé autour de sa
main la courroie la plus longue; on fait faire
à la fronde plusieurs moulinets et lâchant la
deuxième courroie que l'on tenait avec le pouce

et l'index, on lance la pierre à une distance extrêmement grande.

Le jeu de la fronde ne convient que dans des endroits isolés, en pleine campagne, là où on ne peut blesser personne, car une pierre lancée avec force pourrait tuer celui qu'elle atteindrait.

Le jeu de la fronde consiste à arriver le plus loin possible ou bien le plus près d'un but indiqué. Nous engageons nos jeunes lecteurs à ne jamais jouer à se lancer des pierres les uns contre les autres afin d'éviter des malheurs.

GRACES.

Le jeu de grâces se rapproche un peu du jeu
de volant. Ce sont deux baguettes avec lesquelles on lance un cercle de bois d'une certaine
grandeur que l'enfant placé vis-à-vis de l'autre
doit recévoir pendant que son camarade exé-
cute de son côté les mêmes mouvements ; quelquefois les deux cercles se rencontrent et le coup
est nul, tandis que celui qui manque de rece-

voir l'anneau qui lui est envoyé perd la partie.

Avec un peu d'attention, on apprend vite à jouer aux grâces. C'est un jeu fort amusant; il procure de l'exercice et donne de l'adresse.

Les jeux d'enfants sont très-variés. Ces deux petits joueurs changeront tout à l'heure avec leurs amis, et, en se prêtant les uns aux autres les jouets qu'ils possèdent, ils en seront aussi riches que s'ils en avaient beaucoup.

HANNETONS.

Voilà deux petits garçons qui prennent un bien grand plaisir à jouer avec des hannetons qu'ils ont pris. Ils les ont attachés par les pattes avec un bout de ficelle et chantent ce refrain si connu des enfants : *Hanneton, vole, vole, vole ; hanneton, vole donc.* Ces pauvres insectes ne savent pas ce que cela veut dire ; ils sont bien embarrassés de ce fil qui les retient par la patte ; ils voudraient s'en aller bien loin, mais leur délivrance n'est pas encore prochaine.

Pourquoi les tourmenter ainsi? Ces petits enfants croient que ce refrain qu'ils ont appris de leurs camarades est entendu par ces hannetons et que le métier de ces pauvres animaux est de se laisser ainsi taquiner ; ils seraient au contraire, sans doute bien contents si on leur rendait la liberté.

IMAGES.

Voilà trois petits enfants qui jouent avec des images, ou plutôt ils jouent aux marchands d'images. Ce petit monsieur qui est debout fait le connaisseur, il se pose en amateur. Ne dirait-on pas un expert regardant le tableau d'un grand maître? Et cette petite fille qui a exposé contre ce mur tout ce que contenait son porte-feuille; elle fait la marchande. Ces bons petits enfants ont reçu toutes ces images en récompense de leur attention à bien apprendre leurs leçons; ils peuvent se récréer. Quand ils seront plus grands, on leur donnera une boîte de couleurs, et ils auront beaucoup de plaisir à mettre de la couleur sur quelques-unes de ces images, et plus tard, ils apprendront à dessiner et ils feront eux-mêmes de jolies choses qui serviront à amuser d'autres petits enfants.

JARDINIER.

Regardez ces deux petits enfants : ils ont reçu des beaux jouets pour s'amuser à la campagne, ils jouent aux petits jardiniers. Voyez avec quel courage ce petit garçon bêche la terre, et cette petite fille comme elle travaille avec ardeur. C'est en cultivant la terre que les jardiniers font venir ces belles fleurs qui ornent nos parterres et ces beaux fruits, les poires,

les pommes, les fraises, que vous aimez tant.
C'est un travail pénible ; aussi, vous devez bien
aimer les gens de la campagne, parce que ce
sont eux qui sèment le blé, qui labourent la
terre, et qui, en général, font fructifier tout
ce que le créateur a mis à la disposition de
l'homme pour servir à sa nourriture de chaque
jour.

KIOSQUE.

Ces beaux petits enfants s'amusent à construire un *kiosque* avec des morceaux de
planches qu'ils ont ramassés de tous côtés.
Un kiosque est une petite cabane, d'une
forme élégante, que l'on place dans quelque
coin d'un jardin, où l'on va se reposer ou se
mettre à l'abri du soleil.

Ce petit garçon qui tient un gros marteau

à la main a fait la charpente; cet autre, qui a une truelle, c'est le petit maçon, et cette jolie petite fille qui fait la dame avec son ombrelle, c'est la sœur de ces deux garçons; ils ont vu construire en grand le petit monument qu'ils ont imité. Le kiosque doit leur servir à renfermer les jouets destinés à les amuser dans la campagne, et comme ils ont été bien sages, leurs parents leur en ont donné beaucoup pour les récompenser.

LONGUE CORDE.

La longue corde est un des jeux les plus amusants de l'enfance. Il faut, pour y jouer, que deux enfants tiennent chacun par l'une de ses extrémités une corde très-longue, et la fassent tourner; un ou deux joueurs entrent sous cette corde et sautent en suivant les mouvements de la corde qui passe sous leurs pieds; celui ou ceux qui font manquer vont la prendre à leur tour pour la faire tourner, et ainsi de suite jusqu'à ce que celui qui a fait manquer aille reprendre sa place.

Il y a aussi le jeu de la corde ordinaire ou petite corde; l'enfant tient les bouts de la petite corde avec ses mains et la fait passer sous ses pieds.

Quand on joue à la corde avec un ou plusieurs camarades, c'est celui qui tient le plus de temps ou qui fait le plus de tours qui gagne la partie.

MAIN-CHAUDE.

Voyez-vous cette réunion de beaux petits enfants : ils se sont rassemblés pour jouer à la main chaude.

Le petit garçon qui est courbé et qui cache sa tête dans le tablier de sa petite camarade, tend sa main sur laquelle un des autres petits enfants va toucher; il restera là jusqu'à ce qu'il ait nommé celui qui frappera sur sa main; alors son petit camarade prendra sa place.

Le jeu de la main-chaude est très-agréable, il amuse beaucoup, même les grandes personnes ; il y a des lourdauds qui frappent très-fort sur la main de leurs petits amis, cela est très-méchant parce qu'ils peuvent faire beaucoup de mal , et les enfants bien gentils n'en font jamais à qui que ce soit. Celui qui fait des méchancetés est toujours abandonné par tout le monde.

NEIGE.

La neige a couvert la terre, et les enfants s'amusent à jouer aux boules de neige. C'est encore un jeu où ils peuvent se faire du mal, par exemple, si leurs boules sont trop dures et qu'ils se les jettent dans la figure, ils peuvent se blesser, et Dieu punit les enfants qui ne sont pas bons les uns pour les autres. Ce jeu présente encore un autre inconvénient, celui de casser les carreaux si on les jette du côté des maisons.

Pour jouer aux boules de neige, il vaut mieux faire un bonhomme de neige que l'on place dans le coin du jardin, et chacun des joueurs lui envoie une boule, jusqu'à ce qu'il soit démoli ; la victoire appartient à celui qui a touché le plus souvent, ou à celui qui a fait tomber le bonhomme du premier coup.

OIE.

Vous voyez trois enfants bien sages, ils sont réunis autour d'une table et jouent au jeu de l'oie, parce qu'ils préfèrent s'amuser tranquillement et qu'ils ne risquent pas de se blesser.

Cette charmante petite fille a remué les dés dans son cornet, ses deux petits amis comptent combien cela fait de points et voilà la partie

6.

gagnée par ce petit garçon qui a la main en l'air, il indique qu'il est arrivé au jardin de l'oie; ils vont recommencer une autre partie et comme le jeu de l'oie est un jeu de hasard, il faut croire qu'il ne gagnera pas la prochaine fois; d'ailleurs, ils jouent pour se distraire et leur joie sera la même s'ils ne gagnent pas chacun leur partie, parce qu'ils sont des enfants bien raisonnables et qu'ils s'aiment beaucoup, comme cela doit être quand on a un bon cœur.

POUPÉE.

Ces deux bonnes petites filles s'amusent à
jouer à la poupée. Voyez avec quel soin la
plus grande tient sa petite poupée; elle en-
seigne à sa compagne la manière d'habiller
leur enfant, parce qu'elles regardent leur poupée comme leur enfant.

Après avoir terminé sa toilette, elles la
prendront par la main pour la faire prome-

ner, ensuite elles lui feront faire la dinette,
si elle n'a point d'appétit elles la conduiront
coucher et pendant qu'elle se reposera, les
petites filles retourneront près de leur maman
pour bien apprendre à travailler; et, comme
elles auront été bien soigneuses et bien labo-
rieuses, leur maman leur achètera beaucoup
de jolis jouets pour leurs étrennes, et leur
donnera aussi une grande belle poupée ha-
billée en mariée et puis un joli petit mé-
nage.

QUATRE COINS.

Voilà un jeu bien amusant; vous pouvez, mes petits amis, jouer aux quatre coins dans une chambre, dans un jardin, dans une allée d'arbres; c'est surtout à la campagne que l'on joue aux quatre coins. Il faut pour ce jeu, cinq personnes; quatre se placent chacune contre un arbre et la cinquième dans le milieu, c'est ce dernier que l'on nomme le *pot de chambre*.

Les joueurs placés aux extrémités changent de place et celui qui est le pot de chambre doit tâcher d'arriver à l'une des places échangées avant les autres joueurs; s'il a touché le premier la place à occuper, le retardataire le remplace et devient le *pot de chambre*. Dans un appartement on joue aux quatre coins assis, en mettant une chaise pour chacun des joueurs moins un qui est le patient; on change de chaise et tant mieux pour le *pot de chambre,* s'il parvient à s'asseoir en place de celui qui n'a pas été assez prompt pour arriver avant lui.

RONDE.

Nous vous avons déjà parlé de la danse, voici maintenant la ronde, c'est la vraie danse des enfants. Ils se réunissent cinq, six, dix ou un plus grand nombre encore, et, se tenant par la main, ils forment un rond et tournent ainsi en chantant une petite chanson nommée ronde à danser.

De tous les jeux des enfants et particulière-

ment de ceux des petites filles, la ronde est ce
qu'il y a de plus amusant; ces enfants se tiennent
par la main, ils rient, ils chantent, ils s'a-
musent comme des bienheureux. Ce sont des
enfants bien sages et bien aimés de leurs parents, le bon Dieu les protége parce qu'ils
sont dociles et fort obéissants.

SOLDATS.

Voyez ces trois petits enfants qui jouent aux
soldats, ils ont eu des beaux fusils pour leurs
étrennes, celui qui a une épée est le chef, il
va commander : en avant marche, et les deux
autres qui sont les soldats s'apprêtent à obéir,
car comme un enfant doit toujours obéir à ses
parents, un soldat est soumis à son chef.

Si vous continuez à bien apprendre à lire,

votre papa vous donnera aussi un beau fusil ou un grand sabre, et quand vous serez avec vos camarades vous pourrez jouer au soldat en vous réunissant en plus grand nombre.

Les enfants ne doivent jamais toucher aux armes à feu ; il y a quelque temps un enfant avait pris le fusil de chasse de son père, et, pour effrayer sa sœur, il fit semblant de la coucher en joue ; malheureusement le coup est parti et sa sœur a reçu une balle dans la poitrine : jugez quel chagrin pour la famille.

TOUPIE.

Le jeu de la toupie consiste à faire tourner
avec une ficelle, un morceau de bois de la
forme d'un pain de sucre renversé, mais beaucoup plus petit; tous les enfants connaissent
la toupie ordinaire, il y en a une d'un autre
genre, c'est le sabot que l'on fait marcher avec
un fouet; pour ces deux sortes de toupies, il

est utile de faire attention de ne pas les lancer sur des camarades.

Quand on joue à la toupie à deux ou trois, on trace un cercle dans lequel le premier joueur lance sa toupie, après l'avoir laissée tourner quelque temps et qu'elle dort, un autre joueur lance la sienne sur celle de son adversaire et fait en sorte de la frapper, les autres joueurs tâchent successivement d'abattre les toupies les uns des autres. Quand on joue seulement à deux, celui dont la toupie dure plus longtemps gagne la partie.

VOLANT.

Ces petits enfants jouent au volant, voyez comme ils s'amusent, ils ont bien soin de ne pas frapper trop fort quand ils reçoivent le volant dans leur raquette, afin de ne pas le faire tomber plus loin, ce qui ferait perdre la partie à celui qui aurait manqué de le recevoir.

Si au lieu de jouer seulement à deux ils étaient trois, quatre ou plus, celui qui aurait perdu la partie attendrait que son tour revînt pour jouer de nouveau ; aussi faut-il une bien grande attention de part et d'autre, il ne faut pour y jouer avec succès, ni s'agiter, ni courir de côté et d'autre ; il faut seulement suivre le volant de l'œil et se tenir prêt à le repousser.

Le volant est tout à fait un jeu de jardin, il plaît à tous les âges ; les dames, les jeunes gens, les enfants, tous jouent au volant.

YOLE.

Regardez ces trois petits enfants qui se pro-
mènent sur l'eau dans une *yole*, c'est un petit
bateau destiné à la promenade; ces petits imprudents sont bien heureux d'être sur un étang
qui est peu profond, car s'ils étaient sur une
rivière, le courant pourrait bien les entraî-
ner; et ici ils courent déjà assez de dangers,
car si la yole chavirait ces pauvres petits

étourdis pourraient bien encore se noyer ; aussi quand ils vont retourner chez leurs parents on les mettra en pénitence, parce qu'on ne doit pas ainsi s'embarquer sur l'eau, sans être accompagné de grandes personnes : ils méritent d'être punis.

Les enfants ne doivent jamais jouer sur l'eau, ni près de l'eau, parce qu'il peut leur arriver des accidents : il en est de même sur la glace, beaucoup d'enfants périssent ainsi par leur imprudence.

ZIG-ZAG.

Le zig-zag est un jouet qui se déploie et se referme de façon à pouvoir s'allonger à volonté, il est formé d'un certain nombre de petites traverses de bois, ainsi que le représente le jouet de ce joli petit garçon que vous voyez assis. Sur chacune des traverses on place des petits pantins ou des soldats et en fermant ou en ouvrant le zig-zag, les soldats rangés en colonne s'éloignent et se rapprochent à la volonté de celui qui fait marcher l'instrument; l'autre enfant regarde avec beaucoup d'attention les mouvements des mains de son camarade. Ils s'amusent tranquillement, comme doivent le faire des enfants bien sages; ils vont ensuite ranger leurs petits soldats dans la boîte, et demain ils prendront un nouveau plaisir à s'amuser avec ce charmant jeu de zig-zag.

FABLES.

———o———

LES DEUX AMIS
QUI VENDENT LA PEAU DE L'OURS.

ERTAIN fourreur avait besoin de la peau d'un ours. Ne vous mettez pas en peine, lui dirent deux de ses voisins, nous allons tout de ce pas dans la forêt voisine vous en tuer un des plus gros. Cela dit, et marché fait pour la peau qu'ils devaient livrer, ils partent et arrivent dans la forêt. Ils n'y furent pas plus tôt entrés, qu'un ours sort de sa tanière, et vient droit à eux. Nos deux braves oublient le marché, et ne pensent qu'à se sauver. L'un

grimpe sur un arbre ; l'autre , qui sait que
l'ours ne touche point aux corps qui n'ont plus
de vie, se couche par terre , retient son haleine,
et contrefait le mort. L'ours arrive, trouve ce
corps tout étendu, le flaire, le retourne, et le
prenant pour un cadavre, passe et s'éloigne.
Celui-ci retiré , l'autre descend de l'arbre et
vient demander à son camarade ce que l'ours
lui avait dit à l'oreille, lorsqu'il s'en était ap-
proché de si près. Qu'on ne doit jamais , ré-
partit celui-ci à demi-mort, vendre la peau
d'un ours, qu'on ne l'ait mis par terre.

Ennemi dans son camp jamais ne vous étonne ;
On le cherche. Vient-il ? on s'assemble, on raisonne,
Il n'est pas temps, dit-on, de risquer le combat....
Si l'on était battu que deviendrait l'État ?

LE BUCHERON ET LA FORÊT.

N Bûcheron pria la Forêt de lui donner de son bois autant qu'il lui en fallait pour faire un manche à sa cognée; ce qu'elle lui accorda très-volontiers; mais elle s'en repentit, lorsqu'elle eut reconnu que ce bienfait serait la cause de sa ruine. Le Bûcheron n'eut pas plus tôt emmanché sa cognée, qu'il s'en servit contre les arbres de la Forêt même, et fit si bien, que, coupant aujourd'hui celui-ci, et demain cet autre, il la détruisit enfin toute entière.

Hommes, n'imitez pas l'imprudente Forêt;
N'armez pas un méchant qui cherche à vous détruire;
Mais, pesant sagement tout ce qui peut vous nuire
Gardez-vous d'obliger contre votre intérêt.

L'ANE ET LE PETIT CHIEN.

N homme caressait un petit Chien en présence de son Ane; celui-ci enviait le bonheur du premier. Que fait ce Chien, disait-il en lui-même, pour mériter les caresses de notre maître? Quelquefois il lui donne la patte. Hé bien! s'il ne tient qu'à cela pour s'en faire aimer, je serai bientôt tout aussi heureux que ce petit animal. Cela dit, il se lève sur ses pieds de derrière, et présente lourdement ceux de devant à son maître. Celui-ci, fort surpris, rebuta des caresses aussi grossières, et appela ses valets, qui accoururent et payèrent à grands coups de bâton la civilité du baudet.

Ne sortez point de votre caractère;
Soyez ce que le ciel vous fit.
Un sot a beau se contrefaire,
Il ne sera jamais ce qu'est l'homme d'esprit.

LE LIÈVRE ET LA PERDRIX.

N Lièvre se trouva pris dans les lacets d'un chasseur. Pendant qu'il s'y débattait, mais en vain, pour s'en débarrasser, une Perdrix l'aperçut. L'ami, lui cria-t-elle d'un ton moqueur, que sont donc devenus ces pieds dont tu me vantais tant la vitesse? L'occasion de s'en servir est si belle! garde-toi de la manquer. Allons évertue-toi, tâche de me franchir cette plaine en quatre sauts. C'est ainsi qu'elle le raillait : mais on eut bientôt sujet de lui rendre la pareille; car pendant qu'elle ne songe qu'à rire du malheur du Lièvre, un épervier la découvre, fond sur elle et l'enlève.

Rire du malheureux et de son infortune,
Chez les cruels humains, c'est chose fort commune.
On ne rit pas toujours : tel l'insulte aujourd'hui,
Qui dans deux jours, sera plus à plaindre que lui.

LE MARCHAND ET LA MER.

ERTAIN marchand chargéa un vaisseau, et partit pour les Indes. Lorsqu'il mit à la voile, le vent était favorable; mais à peine eut-il perdu le port de vue, que le vent changea tout à coup; la Mer éleva ses vagues, poussa le navire sur un banc de sable, et l'y fit échouer. Le marchand vit périr toutes ses marchandises, et ne se sauva qu'avec peine sur quelques débris du vaisseau. Quelques jours après, il vit la mer calme et qui semblait lui dire de se rembarquer de nouveau. Perfide Mer, s'écria-t-il, je ne suis pas d'humeur à me fier une seconde fois à qui vient de me donner des preuves de son infidélité.

Instruit par son malheur, le marchand devint sage :
L'imitons-nous? A peine échappés du naufrage,
Sur la rive on nous voit bientôt tout oublier,
Cent fois battus des vents, cent fois les défier.

LE POT DE TERRE ET LE POT DE FER.

E pot de fer dit un jour au pot de terre : Frère, ne verrons-nous jamais que le coin d'une cuisine? qui n'a rien vu n'a rien à conter; et d'ailleurs, on dit que le voyage fait l'esprit. Il me prend envie de voir le pays, et si tu as la même curiosité, nous voyagerons de compagnie. Vois-tu bien cette rivière qui passe au pied du logis? Il nous faudra y entrer; cela fait, nous nous y laisserons emporter par le courant de l'eau, de cette manière, nous pourrons faire en très-peu de temps beaucoup de chemin, et cela, comme tu vois, sans fatigue. L'autre fort satisfait de l'expédient, sortit, entra dans l'eau avec le pot de fer, et le suivit; mais il n'alla pas loin. Son

8.

camarade qui flottait tantôt à droite, tantôt à gauche, le heurtait à tout moment. Le pot de terre ne fut pas à trente pas du bord, qu'il ne fut que pièces et morceaux.

Ainsi mal à propos petit prince se brise
Aux côtés d'un grand roi.
Ceci vous dit : malheur à qui s'avise
D'approcher de trop près un plus puissant que soi !

LE CHIEN ET L'OMBRE.

Un chien traversait une rivière sur un pont, tenant un morceau de chair dans sa gueule ; il en vit l'ombre dans l'eau, et crut que c'était quelque nouvelle proie. Aussitôt il lâcha la sienne et s'élança vers ce rien, qui lui semblait être un mets exquis. Mais quel fut son désespoir, lorsqu'il vit son avidité frustrée ! Malheureux que je suis ! s'écriait-il en regrettant ce qui lui était échappé, pour n'avoir su m'en tenir à ce que j'avais, j'ai tout perdu.

Combien de conquérants, aussi fous que ce chien,
Pour vouloir trop avoir, perdent tout et n'ont rien.
Hé ! sans porter le feu sur les états des autres,
Monarques, ne songez qu'à conserver les vôtres.

LE GEAI PARÉ DES PLUMES DU PAON.

UN paon perdit dans sa mue quelques-unes de ses plumes; un geai les ramassa et s'en revêtit; alors il crut surpasser en beauté les paons mêmes, et vint, tout bouffi d'orgueil, se faufiler avec eux ; mais sa vanité fut bientôt punie. Les paons qui reconnurent l'artifice, lui arrachèrent ses fausses plumes, et le chassèrent de leur compagnie à grands coups de bec. Ainsi le geai, battu et déplumé, ne fut pas même plaint des autres geais qu'il avait méprisés.

Qui s'élève au dessus de sa condition,
Y rentre tôt ou tard avec confusion ;
On l'a dit et redit, mais on a beau le dire,
Dans ces lieux, sur ce point, que de sujets de rire!

L'AIGLE ET LE CORBEAU.

L'AIGLE fondit sur un mouton, et l'enleva, à la vue d'un corbeau. N'en puis-je donc faire autant? dit ce dernier. Cela dit, il s'abattit sur le plus gros du troupeau ; mais bien loin de faire ce que l'aigle avait fait, il s'embarrassa tellement dans la toison du mouton, qu'il y demeura. Comme il se débattait pour s'en dégager, le berger accourut, le prit et le mit en cage, puis il le donna pour jouet à ses enfants.

Mesurez-vous. Ce brave eut un sort favorable
Et, sans doute, dis-tu, je l'aurai tout semblable ;
Il entreprit: entreprenons. Tout beau:
L'aigle prit le mouton, et ne put le corbeau.

LE VIGNERON ET SES ENFANTS.

N vigneron se sentit proche de sa fin. Alors il appela ses enfants : Mes enfants, leur dit-il, je ne veux point mourir sans vous révéler un secret que je vous ai tenu caché jusqu'à présent, pour certaines raisons. Apprenez que j'ai enfoui un trésor dans ma vigne ; lorsque je ne serai plus, et que vous m'aurez rendu les derniers devoirs, ne manquez pas d'y fouiller, et vous l'y trouverez. Le bonhomme mort, les enfants coururent à la vigne, et retournèrent le champ de l'un à l'autre bout ; mais ils eurent beau fouiller et refouiller, ils n'y trouvèrent rien de ce que le père leur avait fait espérer. Alors ils crurent qu'il les avait trompés ; mais ils reconnurent bientôt

qu'il ne leur avait rien dit que de véritable.
Le champ ainsi retourné , devint si fécond ,
que la vigne leur rapporta, pendant plusieurs
années, le triple de ce qu'elle avait accoutumé
de produire.

Un mortel ne fit point cet apologue insigne.
C'est d'un Dieu qu'il nous vient; du moins je l'en crois digne.
Que chacun sur l'airain le grave en lettres d'or.
Le travail, nous dit-il, est pour l'homme un trésor.

LE CHAT ET LES RATS.

N chat, la terreur des rats, en avait presque détruit l'engeance : il eût bien voulu croquer encore le peu qu'il en restait; mais le malheur des premiers avait rendu les derniers plus sages. Ceux-ci se tenaient si bien sur leurs gardes, qu'il n'était pas aisé de les voir. Je les aurai pourtant, dit le chat, et bon gré malgré qu'ils en aient. Cela dit, il s'enfarine et se blottit au fond d'une huche. Un rat, qui l'aperçut, le prit pour quelque pièce de chair, et s'en approcha; le chat se retrouve aussitôt sur ses pattes, et lui fait sentir sa griffe. Un second vint après, puis un troisième, qui fut suivi de plusieurs autres, et de ceux-ci, pas un ne s'en retourna. Cependant un dernier, vieux et ratatiné, mit la tête hors de son trou, et d'abord regarda de tous côtés, puis de là, sans vouloir s'avancer plus loin, se mit à contempler le bloc enfariné; enfin, secouant la tête : A d'autres, mon ami, s'écria-t-il; il ne te sert de rien à mon égard de t'être ainsi blanchi, quand tu serais farine, sac, huche, ou tout ce qu'il te plaira, je n'en approcherais pas en mille ans une fois.

Vieux routier rarement se prend au trébuchet.
Homme, pèse toujours mûrement ton projet,
Et n'en juge jamais par ce qu'il paraît être.
Sage qui veut à fond tout voir et tout connaître.

LE LOUP ET L'AGNEAU.

La raison du plus fort est toujours la meilleure :
Nous l'allons montrer tout-à-l'heure.

Un agneau se désaltérait
Dans le courant d'une onde pure.
Uu loup survient à jeun, qui cherchait aventure,
Et que la faim en ces lieux attirait.
Qui te rend si hardi de troubler mon breuvage ?
Dit cet animal plein de rage :
Tu seras châtié de ta témérité. —
Sire, répond l'agneau, que votre majesté
Ne se mette pas en colère ;
Mais plutôt qu'elle considère
Que je me vas désaltérant
Dans le courant,
Plus de vingt pas au-dessous d'elle ;
Et que par conséquent en aucune façon,
Je ne puis troubler sa boisson. —
Tu la troubles ! reprit cette bête cruelle ;

Et je sais que de moi tu médis l'an passé. —
Comment l'aurais-je fait si je n'étais pas né?
    Reprit l'agneau ; je tette encore ma mère. —
    Si ce n'est toi c'est donc ton frère. —
Je n'en ai point. — C'est donc quelqu'un des tiens ;
    Car vous ne m'épargnez guère,
    Vous, vos bergers et vos chiens.
On me l'a dit : il faut que je me venge.
    Là-dessus, au fond des forêts
    Le loup l'emporte, et puis le mange,
    Sans autre forme de procès.

LE COQ ET LA PERLE.

Un jour un coq détourna
Une perle, qu'il donna
Au beau premier lapidaire.
Je la crois fine, dit-il;
Mais le moindre grain de mil
Serait bien mieux mon affaire.

Un ignorant hérita
D'un manuscrit qu'il porta
Chez son voisin le libraire.
Je crois dit-il qu'il est bon;
Mais le moindre ducaton
Serait bien mieux mon affaire.

LE RENARD ET LE BUSTE.

Les grands, pour la plupart, sont masques de théâtre :
Leur apparence impose au vulgaire idolâtre.
L'âne n'en sait juger que par ce qu'il en voit :
Le renard, au contraire, à fond les examine,
Les tourne de tous sens ; et, quand il s'aperçoit
   Que leur fait n'est que bonne mine,
Il leur applique un mot qu'un buste de héros
   Lui fit dire fort à propos.
C'était un buste creux, et plus grand que nature.
Le renard, en louant l'effort de la sculpture :
« Belle tête, dit-il ; mais de cervelle point. »

Combien de grands seigneurs sont bustes en ce point !

— ❦ —

LES DEUX MULETS.

Deux mulets cheminaient, l'un d'avoine chargé,
  L'autre portant l'argent de la gabelle.
Celui-ci, glorieux d'une charge si belle,
N'eût voulu pour beaucoup en être soulagé.
    Il marchait d'un pas relevé,
    Et faisait sonner sa sonnette ;
    Quand l'ennemi se présentant,
    Comme il en voulait à l'argent,
Sur le mulet du fisc une troupe se jette,
    Le saisit au frein et l'arrête.
    Le mulet en se défendant,
Se sent percer de coups ; il gémit, il soupire.
Est-ce donc là, dit-il, ce qu'on m'avait promis ?
Ce mulet qui me suit du danger se retire,
    Et moi, j'y tombe et je péris !
    Ami, lui dit son camarade,

Il n'est pas toujours bon d'avoir un haut emploi :
Si tu n'avais servi qu'un meunier, comme moi,
    Tu ne serais pas si malade.

TABLE.

FABLES EN PROSE.

FABLES EN VERS.

PARIS. — IMPRIMERIE DE W. REMQUET ET Cie,

rue Garancière, n. 5, derrière St.-Sulpice.

IMPRIMERIE DE W. REMQUET ET Cie, RUE GARANCIÈRE.

www.ingramcontent.com/pod-product-compliance
Lightning Source LLC
Chambersburg PA
CBHW060626100426
42744CB00008B/1519